I LOVE MY DAD

من بابام رو دوست دارم

Shelley Admont

Illustrated by Sonal Goyal and Sumit Sakhuja

www.kidkiddos.com

Copyright©2014 by S. A. Publishing ©2017 by KidKiddos Books Ltd.

support@kidkiddos.com

First edition, 2018

Translated from English by Sahar Niknam

برگردان از انگلیسی: سحر نیکنام

Farsi editing by: Marzieh Behboodi

ویرایش متن فارسی توسط: مرضیه بهبودی

Library and Archives Canada Cataloguing in Publication Data

I Love My Dad (Farsi Bilingual Edition)/ Shelley Admont

ISBN: 978-1-5259-0853-8 paperback

ISBN: 978-1-5259-0854-5 hardcover

ISBN: 978-1-5259-0852-1 eBook

Please note that the Farsi and English versions of the story have been written to be as close as possible. However, in some cases they differ in order to accommodate nuances and fluidity of each language.

KidKiddos Books

For those I love the most

برای عزیزترین‌هایم

One summer day, Jimmy the little bunny and his two older brothers were riding their bicycles. Their dad sat in the backyard, reading a book.

یک روز تابستانی، جیمی که یک خرگوش کوچولو بود به همراه دو برادر بزرگترش مشغول دوچرخه‌سواری بودند. بابای خرگوش‌ها هم در حیاط نشسته بود و داشت کتاب می‌خواند.

The two older bunnies laughed loudly as they raced. Jimmy tried to catch up on his training wheel bike.

دو تا بچه خرگوش بزرگتر که مشغول مسابقه دادن با همدیگر بودند با صدای بلند می‌خندیدند. جیمی تلاش کرد که با دوچرخه اش که چرخ‌های اضافهٔ آموزشی داشت به آنها برسد.

"Hey, wait for me! I want to race too!" Jimmy shouted. But his brothers were too far away and his bike was too small.

جیمی فریاد زد: «آهای، صبر کنید منم بیام! منم می‌خواهم مسابقه بدم!» اما برادرانش خیلی دور شده بودند و دوچرخهٔ او خیلی کوچک بود.

Soon his brothers returned, giggling to each other. "It's not fair," screamed Jimmy. "I want to ride your big bikes too."

خیلی نگذشت که برادرانش در حالی که مشغول بگو و بخند با همدیگر بودند، برگشتند. جیمی داد زد: «این درست نیست، منم می‌خواهم سوار دوچرخه‌های واقعی شما بشم.»

"But Jimmy, you're too small," said his oldest brother.

برادر بزرگتر گفت: «اما جیمی، تو هنوز خیلی کوچولویی.»

"And you don't even know how to ride a two-wheeler," said the middle brother.

برادر وسطی گفت: «تازه تو دوچرخه‌سواری هم بلد نیستی.»

"I'm not small!" shouted Jimmy. "I can do everything you can!"

جیمی فریاد زد: «من کوچولو نیستم! هر کاری که شما بتونید، منم میتونم انجام بدم!»

He ran to his brothers and grabbed one of the bicycles. "Just watch!" he said.

جیمی به سمت برادرانش دوید و یکی از دوچرخه ها را قاپ زد و گفت: «فقط تماشا کنید!»

"Be careful!" yelled his oldest brother, but Jimmy didn't listen.

برادر بزرگه فریاد زد: «مراقب باش!» اما جیمی به حرف او گوش نداد.

Throwing one leg over, he tried to climb the large bike. At that moment, he lost his balance and crashed on the ground, directly into a mud puddle.

جیمی برای اینکه بتواند سوار آن دوچرخهٔ بزرگ بشود، یک پایش را آورد بالا و روی دوچرخه انداخت. اما در همان لحظه تعادلش را از دست داد و درست روی یک گودال گِل به روی زمین افتاد.

His two older brothers burst out laughing.

دو برادر بزرگتر ناگهان زدند زیر خنده.

Jimmy jumped on his feet and wiped his muddy hands on his dirty pants.

جیمی بلند شد و سعی کرد دست‌هایش را که گِلی شده بود با شلوار گِل‌آلودش پاک کند.

This just caused his brothers to laugh more.

همین باعث شد که برادرهایش بیشتر بخندند.

"Sorry, Jimmy," said the oldest brother in between laughter. "It's just too funny."

برادر بزرگتر در حالی که می‌خندید گفت: «ببخشید جیمی، ولی خیلی خنده داره.»

Jimmy couldn't stand it anymore. He kicked the bike and ran home with tears streaming down his face.

جیمی دیگر نمی‌توانست تحمل کند. لگدی به دوچرخه زد و با صورتی که از اشک خیس شده بود به سمت خانه دوید.

Dad watched his sons from the backyard. He closed his book and went towards Jimmy.

بابا که از داخل حیاط مشغول تماشای پسرهایش بود کتابش را بست و به سمت جیمی رفت.

"Honey, what happened?" he asked.

او پرسید: «چه اتفاقی افتاده عزیزم؟»

"Nothing," grumbled Jimmy. He tried to wipe away his tears with his dirty hands, but instead he smudged his face even more.

جیمی غرولندکنان گفت: «هیچی.» و سعی کرد اشک‌هایش را با دست‌های گِلی‌اش پاک کند، اما در عوض فقط صورتش را کثیف‌تر کرد.

Dad smiled and said quietly, "I know what can make you laugh…"

بابا لبخندی زد و به آرامی گفت: «می‌دونم الان چی می‌تونه تو رو بخندونه...»

"Nothing can make me laugh now," said Jimmy, crossing his arms.

جیمی دست به سینه شد و گفت: «الان هیچی نمی‌تونه منو بخندونه.»

"Are you sure?" said Dad and began to tickle Jimmy until he smiled.

بابا گفت: «مطمئنی؟» و شروع کرد به قلقلک دادن جیمی تا زمانی که او بالاخره لبخند زد.

Then he tickled him so much that Jimmy started giggling.

بعد هم آنقدر قلقلکش داد تا جیمی شروع کرد به خندیدن.

They rolled on the grass, tickling each other until they both laughed loudly.

و بعد روی چمن‌ها غلت زدند و آنقدر همدیگر را قلقلک دادند که هر دو از خنده ریسه رفتند.

Still hiccupping from his hysterical laughter, Jimmy jumped on Dad's lap and hugged him tight.

جیمی که از خنده به سکسکه افتاده بود پرید بغل بابا و او را محکم در آغوش کشید.

"I was watching you ride your bike," said Dad, hugging him back.

بابا هم همانطور که اون را در بغل گرفته بود گفت: «وقتی سوار دوچرخه‌ات بودی داشتم تو رو تماشا می‌کردم.»

"And I think you're ready to ride a two-wheeler."

«و به نظرم دیگه آماده‌ای که سوار یه دوچرخهٔ واقعی بشی.»

Jimmy's eyes sparkled with excitement. He jumped on his feet. "Really? Can we start now? Please, please, Daddy!"

چشمان جیمی از هیجان برق زد. از جا پرید و ایستاد. «واقعا؟ میشه همین حالا شروع کنیم؟ لطفا، بابایی... خواهش می‌کنم!»

"Now you need to take a bath," said Dad smiling. "We can start practicing first thing tomorrow morning."

بابا لبخندزنان گفت: «الان تنها چیزی که تو لازم داری حموم کردنه. ما می‌تونیم تمرین رو فردا صبح، اول وقت شروع کنیم.»

After a long bath and a family dinner, Jimmy went to bed. That night he could barely sleep.

جیمی بعد از یک حمام طولانی و صرف شام با خانواده به رختخواب رفت. اما آن شب به سختی توانست بخوابد.

He woke up again and again to check if it was morning.

مرتب از خواب بیدار می‌شد تا ببیند بالاخره صبح شده است یا نه.

As soon as the sun rose, Jimmy ran to his parents' bedroom.

به محض طلوع خورشید، او به سمت اتاق پدر و مادرش دوید.

Jimmy tiptoed towards their bed and gave his father a little shake. Dad just turned to the other side and continued snoring peacefully.

جیمی با نوک پنجه‌های پا به سمت تختخواب رفت و پدرش را به آرامی تکان داد. بابا با بی‌خیالی به سمت دیگری غلت زد و به خروپف کردنش ادامه داد.

J

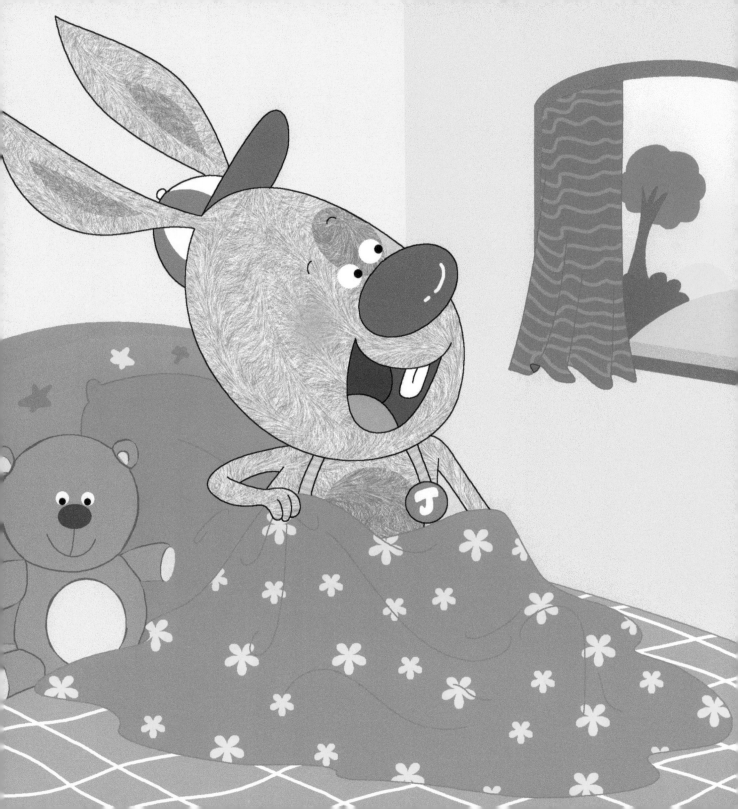

"Daddy, we need to go," Jimmy murmured and pulled off his covers.

جیمی زمزمه‌کنان گفت: «بابایی، پاشو. باید بریم» و لحاف را از روی او کنار زد.

Dad jumped and his eyes flew open. "Ah? What? I'm ready!"

چشمان بابا ناگهان باز شد و از جا پرید. «ها؟ چی شده؟ من آماده‌ام!»

"Shhhh..." whispered Jimmy. "Don't wake anybody."

جیمی آرام گفت: «هیشششش... نباید کسی رو بیدار کنی.»

While the rest of the family was still sleeping, they brushed their teeth and went out.

بعد در حالی که باقی اعضای خانواده هنوز در خواب بودند، آنها دندان‌هایشان را مسواک زدند و از خانه بیرون رفتند.

As he opened the door Jimmy saw his orange bike, sparkling in the sun. The training wheels were off.

همین که جیمی در را باز کرد، دوچرخهٔ نارنجی رنگش را دید که زیر نور خورشید برق می‌زد. چرخ‌های اضافهٔ آموزشی برداشته شده بودند.

"Thank you, Daddy!" he shouted as he ran to his bike.

جیمی به سمت دوچرخه‌اش دوید و فریاد زد: «ممنونم بابایی!»

Dad showed him how to mount it and how to pedal. "Let's have some fun!" Dad said, putting a helmet on Jimmy's head.

بابا به او نشان داد که چطور سوار دوچرخه شود و چطور رکاب بزند. بعد همانطور که کلاه ایمنی را بر سر جیمی می‌گذاشت گفت: «حالا بریم یه کم تفریح کنیم!»

J

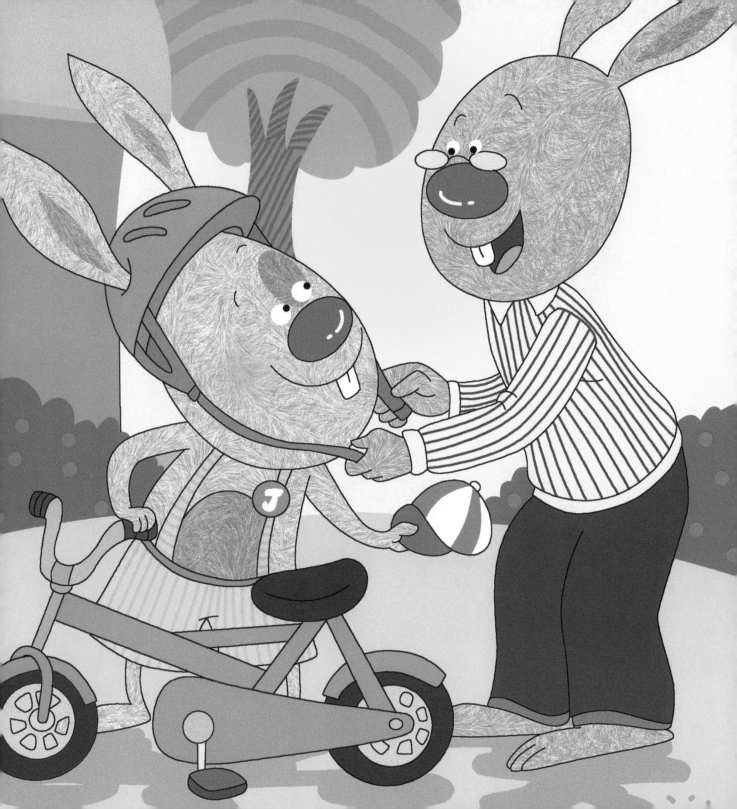

Jimmy took a deep breath, but didn't move. "Come on. I'll help you into the seat," Dad insisted.

جیمی نفس عمیقی کشید اما از جایش جم نخورد. بابا اصرار کرد: «یالا بیا! من کمکت می‌کنم که روی صندلی بشینی.»

"Umm..." mumbled Jimmy, his voice shaking. "I'm...I'm scared. What if I fall again?"

جیمی زیر لب گفت: «اوومم....،» صدایش می‌لرزید: «من... من می‌ترسم. اگه دوباره بیفتم چی؟»

"Don't worry," reassured his dad. "I'll stay close to catch you if you fall."

پدرش با اطمینان گفت: «نگران نباش، من نزدیکت می‌مونم تا هر وقت افتادی بگیرمت.»

Jimmy hopped on his bike and began pedaling slowly.

جیمی پرید روی دوچرخه‌اش و به آهستگی شروع به رکاب زدن کرد.

When the bike tipped to the right, Jimmy leaned to the left. When the bike tipped to the left, Jimmy leaned to the right.

وقتی دوچرخه به سمت راست کج می‌شد، جیمی خودش را به سمت چپ خم می‌کرد. و وقتی دوچرخه به سمت چپ کج می‌شد، جیمی خودش را به سمت راست خم می‌کرد.

Sometimes he fell down, but he didn't give up – he tried over and over again.

او گاهی هم به زمین می‌افتاد، اما تسلیم نشد؛ بارها و بارها تلاش کرد.

Morning after morning they practiced together.

روزها یکی پس از دیگری، آنها هر روز صبح با همدیگر تمرین می‌کردند.

Dad held on while Jimmy wobbled, and eventually the little bunny learned to pedal fast.

هر وقت که جیمی تعادلش را از دست می‌داد، بابا نگهش می‌داشت. تا اینکه بالاخره خرگوش کوچولو یاد گرفت که سریع رکاب بزند.

Then one day Dad let go and Jimmy could ride all by himself without falling even once!

و ناگهان یک روز، بابا جیمی را رها کرد و او توانست خودش به تنهایی رکاب بزند بدون اینکه حتی یک بار به زمین بیفتد!

Dad smiled. "Now that you know how to ride, you'll never forget it."

بابا لبخند زد. «حالا که یاد گرفتی چطور دوچرخه سواری کنی، دیگه هیچوقت فراموش نخواهی کرد.»

"And I can race too!" exclaimed Jimmy.

جیمی با هیجان گفت: «و دیگه میتونم مسابقه هم بدم!»

That day Jimmy raced with brothers.

همان روز جیمی با برادرهایش مسابقه داد.

Guess who won the race?

حدس می‌زنید کی برنده شد؟

CPSIA information can be obtained
at www.ICGtesting.com
Printed in the USA
LVHW070607060922
727628LV00007B/105